A Breve História do Holocausto

A ascensão do anti-semitismo na Alemanha
nazista, Auschwitz e o genocídio de Hitler sobre
o povo judeu alimentado pelo fascismo

(1941-1945)

Isenção de responsabilidade

Copyright 2022 por Academy Archives - *Todos os direitos reservados*

1

Introdução

O **Holocausto**, também chamado **Shoah**, **Shoa** ou **Shoah** (hebraico: השואה *Ha-Shoah*), foi a perseguição sistemática e o genocídio dos judeus pelos nazistas e seus aliados antes e durante a Segunda Guerra Mundial. Durante a dominação da Alemanha nazista, entre 5,1 e 6 milhões de judeus europeus foram assassinados. A maioria dos assassinatos ocorreu em campos de morte em câmaras de gás e em execuções em massa pelo Einsatzgruppen.

Conteúdo

O termo Holocausto

Etimologia

A palavra *holocausto* significa "sacrifício queimado" e é derivada da palavra grega antiga ὁλόκαυστον (*holokauston*), que significa literalmente "completamente queimado".

Nos tempos antigos, esta era uma designação para uma oferta queimada a uma divindade. A palavra *holocausto* também existiu nesse sentido em holandês médio no século XIV, mas posteriormente caiu em desuso.

Mudança de significado e aplicação

Segundo o *Oxford English Dictionary,* a mais antiga menção inglesa conhecida da palavra *holocausto* no sentido de assassinato em massa data de 1833, quando o jornalista escocês Leitch Ritchie, em uma descrição das guerras do rei francês medieval Luís VII, contou que este último "uma vez fez um holocausto de trezentas pessoas em uma igreja", um assassinato em massa por fogo dos habitantes de Vitry-le-François em 1142. No início do século 20, antes da Segunda Guerra Mundial, Winston

Churchill e outros escritores contemporâneos a utilizavam para se referir ao genocídio armênio durante a Primeira Guerra Mundial. Há uma referência ao genocídio armênio no título do poema "O Holocausto" (publicado como um livreto em 1922) e o livro *O Holocausto de Esmirna* (1923) é sobre as queimadas e assassinatos em massa de armênios.

A primeira vez que a palavra "holocausto" foi aplicada em inglês ao genocídio nazista foi em 1942, mas só nos anos 50 é que os historiadores introduziram o termo histórico "o Holocausto" (com artigo definido e letra maiúscula).

Acredita-se geralmente que a série de televisão americana *Holocausto* (do diretor judeu-americano Gerald Green), transmitida pela primeira vez nos EUA de 16 a 19 de abril de 1978 e mais tarde também em numerosos países europeus, fez a principal contribuição para popularizar o termo neste sentido na maioria das línguas, incluindo o holandês. Van Dales *Groot Woordenboek der Nederlandse Taal*, décima edição (1976), lista sob Holocausto apenas o significado de *oferta queimada*.

Outros termos

6

Como uma alternativa ao Holocausto, o termo *Shoah* (שואה = *desastre, destruição total*) é usado pelos judeus em particular. Assim, a comemoração anual é chamada Yom Hashuna.

Os próprios líderes do NSDAP utilizaram o termo *Endlösung der Judenfrage* (*solução final da questão judaica*), um termo que existia desde o século XIX, mas que só assumiria o significado de "extermínio dos judeus europeus" no decorrer de 1941 e assumiria uma forma mais definitiva com a Conferência Wannsee (20 de janeiro de 1942).

Discussão sobre a contagem de vítimas não judaicas

Além de cerca de 6 milhões de judeus, os nazistas também assassinaram cerca de 5 milhões de outras pessoas. Os estudiosos estão divididos sobre se o termo "Holocausto" deve ser aplicado a todas as vítimas de assassinatos em massa do Nacional Socialismo, com alguns usando-o como sinônimo para Shoah ou Endlösung der Judenfrage, enquanto outros (querem) incluir o assassinato de Roma e Sinti (Ciganos), Polacos e outros eslavos, a morte de prisioneiros de guerra soviéticos, homens homossexuais, Testemunhas de Jeová, deficientes físicos, deficientes mentais e oponentes políticos. Isto inclui a questão se todo o período de 1933 a 1945 deve ser considerado ou apenas o período de guerra após 1939 e especialmente 1941.

- **Contra:** O historiador tcheco-israelense Yehuda Bauer argumenta que o Holocausto deveria ser apenas sobre judeus porque os nazistas teriam a intenção de exterminar apenas os judeus completamente e não os outros grupos.

  A contagem das vítimas não judias dos nazistas no Holocausto é rejeitada por várias figuras como o sobrevivente judeu do Holocausto Elie Wiesel e organizações como Yad Vashem, uma instituição estatal israelense em Jerusalém criada em 1953 para comemorar as vítimas do Holocausto.

  Segundo eles, a palavra originalmente se referia ao extermínio dos judeus e ao Holocausto judaico era um crime de tão grande escala, totalidade e especificidade e o clímax de uma longa história de anti-semitismo europeu, que não deveria ser colocado em uma categoria geral com os outros crimes dos nazistas.

- **Pro: O** historiador britânico Michael Burleigh e o historiador alemão Wolfgang Wippermann argumentam que, embora todos os judeus tenham sido vítimas, o Holocausto transcendeu as fronteiras da comunidade judaica - outras pessoas compartilharam do trágico destino da vitimização.

  O ex-ministro húngaro László Teleki aplica o termo *Holocausto* tanto ao assassinato de judeus como de ciganos pelos nazistas e seus aliados. No *The Columbia Guide to the Holocaust,* os historiadores americanos Donald Niewyk e Francis Nicosia usam o termo para judeus, ciganos e deficientes.

  O historiador americano Dennis Reinhartz afirmou que os ciganos foram as principais vítimas de genocídio na Croácia e na Sérvia durante a Segunda Guerra Mundial e por isso o chama de "o Holocausto balcânico de 1941-1945".

Número de vítimas

Amplitude de definição, pesquisas e estimativas

O número exato de vítimas não é conhecido; várias estimativas são feitas com base nas evidências disponíveis. O número total depende principalmente de qual definição de "Holocausto" é usada.

De acordo com Donald Niewyk e Francis Nicosia, o termo é geralmente definido como o assassinato em massa de mais de cinco milhões de judeus europeus.

No entanto, eles também dizem que "nem todos acham esta uma definição inteiramente satisfatória".

De acordo com o historiador britânico Martin Gilbert, o número total de vítimas é pouco menos de seis milhões - cerca de 78% dos 7,3 milhões de judeus na Europa ocupada na época.

Timothy D. Snyder escreveu que "o termo Holocausto é às vezes usado de duas maneiras diferentes: para todos os programas de assassinatos alemães durante a guerra ou para qualquer forma de opressão dos judeus pelo regime nazista". Wichert ten Have e Maria van Haperen do Instituto NIOD para Estudos de Guerra, Holocausto e Genocídio argumentaram que o objetivo do Holocausto era "assassinar os judeus europeus e destruir o povo judeu como tal", mas acrescentaram que "outros autores argumentam que outros grupos perseguidos, como os

ciganos, também deveriam ser considerados vítimas do Holocausto".

Definições mais amplas também incluem os dois a três milhões de prisioneiros de guerra soviéticos que morreram como resultado de maus-tratos por políticas racistas nazistas, dois milhões de poloneses étnicos não-judeus mortos pelas condições da ocupação nazista, 90.000 a 220.000 ciganos, 270.000 deficientes mentais e físicos no programa eugenístico alemão, 80.000 a 200.000 maçons, 20.000 a 25.000 eslovenos, 5.000 a 15.000 homossexuais, 2.500 a 5.000 testemunhas de Jeová e 7.000 republicanos espanhóis, o que elevaria o número de mortos para cerca de 11 milhões.

A definição mais ampla incluiria também seis milhões de cidadãos soviéticos que morreram como resultado de fome e doenças relacionadas à guerra, elevando o número de mortos para 17 milhões. Um projeto de pesquisa realizado de 2000 a 2013 pelo Museu Memorial do Holocausto dos Estados Unidos estimou que 15 a 20 milhões de pessoas em toda a Europa morreram ou ficaram confinadas em acampamentos ou em outras condições.

12

Há também diferenças de opinião sobre a periodização. A Microsoft Encarta argumenta que o Holocausto aconteceu da Machtergreifung em 30 de janeiro de 1933 ao dia V em 8 de maio de 1945 (rendição da Alemanha), para ser dividido em dois períodos: janeiro de 1933 a setembro de 1939 (exclusão social dos judeus) e de setembro de 1939 a maio de 1945 (aniquilação total dos judeus).

Outros dizem que o Holocausto só começou no outono de 1941, quando os nazistas realmente procederam ao assassinato em massa dos judeus.

Vítimas judaicas

As estimativas mais confiáveis situam o número total de judeus assassinados entre 5,1 milhões e pouco mais de 6 milhões.

Vítimas não judaicas do regime nazista

Além dos judeus, outros grupos também foram assassinados, sistematicamente ou não, como homossexuais, esperantistas, ciganos, pessoas "economicamente indignas", russos, poloneses étnicos, deficientes, Testemunhas de Jeová, pesquisadores

13

bíblicos livres, sindicalistas, maçons, comunistas, republicanos espanhóis, sérvios, quakers e pessoas que se opunham aos nazistas. O número total de não judeus assassinados está estimado em 5 a 11 milhões de pessoas.

Antecedentes

Toedracht

Exatamente por isso que os nazistas e seus aliados procederam ao assassinato em massa de judeus, homossexuais, ciganos e pessoas "economicamente indignas" como os deficientes físicos e mentais, e como a população civil em grande parte acompanhou a situação, é objeto de debate.

Isto foi argumentado, entre outros, por Daniel Goldhagen com seu livro *"Hitler's willing executioners"*. O que é claro é que o feroz anti-semitismo de Adolf Hitler foi o "motor" que tornou o Nacional Socialismo culpado de limpeza étnica ou genocídio.

Um genocídio em tão grande escala só foi possível porque vários fatores estavam em jogo simultaneamente em partes da Europa, especialmente na Alemanha:

- A presença ou instalação estável de uma ditadura sem controle ou separação disponível dos vários poderes do Estado.

15

- Antisemitismo latente e às vezes virulento, geograficamente difundido, fortemente enraizado na cultura cristã da Europa.

O período que antecede o Holocausto

No final da Primeira Guerra Mundial, a economia do Império Alemão estava exausta e o exército estava à beira do colapso. Eventualmente, soldados e trabalhadores desencadearam a Revolução de novembro, depondo o imperador e declarando a República de Weimar. O governo interino social-democrata concluiu primeiro um armistício e eventualmente o Tratado de Versalhes com os Aliados.

Milhões de alemães se sentiram profundamente humilhados por terem perdido a batalha. Para desviar a responsabilidade pela derrota, a liderança do exército alemão inventou a lenda Dolkstoot, segundo a qual o exército alemão não havia perdido a guerra, mas havia sido traído pelos marxistas.

Como Karl Marx era judeu, Hitler acreditava que o marxismo era uma conspiração judaica e que a humilhação da Alemanha era, portanto, culpa dos judeus. Em *Mein Kampf* (1924), ele afirmou que a guerra não teria se perdido se os alemães tivessem colocado "doze a quinze mil desses mendigos hebreus através de alguns ataques de gás venenoso".

O anti-semitismo e o anti-Ziganismo sempre fizeram parte do programa do partido NSDAP, no qual as idéias de Hitler desempenharam um papel cada vez mais importante. Este anti-semitismo foi ainda mais alimentado pela hiperinflação do pós-guerra de 1919-23 por causa da idéia de que os judeus estavam frequentemente no mundo bancário e empresarial.

Não apenas Hitler, mas também muitos líderes de seu partido eram anti-semitas. Julius Streicher encabeçou a lista com seu jornal radical do partido *Der Stürmer.* às vezes suas idéias eram um pouco exageradas até mesmo para os nazistas. Os nazistas viam os judeus como "bacilos" que "enjoaram" e "minaram" a nação alemã.

Quando Adolf Hitler chegou ao poder em 1933, havia certamente um anti-semitismo latente no país, que foi explorado pela NSDAP e pela SA. No entanto, este não foi certamente o mesmo anti-semitismo que o do NSDAP. Ao contrário, o anti-semitismo na Alemanha era de natureza econômica e certamente não ia tão longe quanto querer exterminar ou remover os judeus. Muitos judeus se integraram à sociedade alemã e, portanto, não eram mais vistos como judeus.

O anti-semitismo do NSDAP foi influenciado principalmente pelo anti-semitismo na Áustria e Sudetenland, que foi muito mais radical. O próprio Hitler havia vivido durante anos em Viena, onde os falantes de alemão se sentiam ameaçados pela crescente presença de falantes não alemães e judeus.

Aqui surgiram grupos que argumentaram que havia uma "raça judaica" que era inferior à "raça germânica" e que "minou" esta raça e sua pureza. Este foi o anti-semitismo promovido pelo NSDAP, que já defendia soluções mais radicais no século XIX.

As leis raciais de Nurembergue

O caminho para o Holocausto/Shoa começou com o
assédio de elementos radicais por parte do governo e de
partidos. Este assédio incluiu repreensão, ridicularização,
molestamento e ocasionalmente assassinato. Quando as
coisas se tornaram excessivas, "intervenção" foi feita de
cima, depois do que o governo "apaziguou" os radicais
com medidas anti-semitas para "evitar mais violência". Isto
acabou culminando nas "Leis de Nurembergue" de 1935.

Isto incluiu um pacote de medidas discriminatórias, bem
como regulamentos que determinavam quem era e não
era alemão ou judeu. Estas novas leis privaram os judeus
de seus direitos civis e proibiram os casamentos entre
judeus e não judeus. Nos anos 30, o partido nazista era
muito popular e o anti-semitismo era "tomado pelo valor de
face", mesmo por aqueles que não eram anti-semitas.

Além disso, presumiu-se que a ideologia enfraqueceria
com o tempo, agora que o NSDAP governou, o que
realmente parecia acontecer durante os Jogos Olímpicos
de 1936. Entretanto, o NSDAP havia deliberadamente
impedido o assédio para manter as aparências durante os

Jogos. Depois de 1936, as medidas e o assédio continuaram novamente.

Em 10 de novembro de 1938, a Reichskristallnacht, ou Kristallnacht, foi realizada após o assassinato de Vom Rath. Milhares de homens da SA à paisana invadiram casas e lojas judaicas, atearam fogo em sinagogas e espancaram judeus.

Isto levou os judeus a serem expulsos da economia e a imposição de uma multa de 1 bilhão à comunidade judaica, uma vez que, segundo o governo, os judeus eram os instigadores. A crítica estrangeira foi parecida ao dizer que esta era uma manifestação da saudável opinião popular, "Gesundes Volksempfinden".

A "solução

Durante os anos 30 e início dos anos 40, os nazistas consultaram amplamente e empregaram várias estratégias para encontrar e alcançar uma "solução para a questão judaica".

Estes caem aproximadamente na assimilação, emigração, deportação e extermínio. Como os outros três, a exterminação foi considerada, mas há muito vista como indesejável ou impraticável. Somente quando os outros planos fracassaram, esta se tornou a *solução final* (*Endlösung*) em 1941.

Migração

Nos anos 1938-1941, estava sendo trabalhada uma solução na qual os judeus seriam enviados para uma determinada área. Uma opção era a Palestina Britânica; outra era Madagascar. Particularmente após a vitória sobre a França, muitos nazistas aderiram ao plano de Madagascar, mas isto não foi viável enquanto a guerra durou. A Marinha britânica controlava o mar e os alemães não se atreveram a colocar muita pressão sobre os franceses para fazê-los desistir de sua colônia.

A eventual ocupação da ilha pelas tropas aliadas garantiu que este plano desaparecesse definitivamente da agenda. Um outro passo em direção ao genocídio foi a idéia de usar judeus como reféns para manter os Estados Unidos fora da guerra.

O ataque contra a União Soviética abriu novas possibilidades para os filósofos nazistas. Agora eles poderiam enviar todos os judeus da Grande Alemanha e seus satélites para a Sibéria, onde eles "cremariam".

Afinal de contas, se eles tivessem "muito fácil", os judeus poderiam representar uma ameaça em um novo estado judeu.

Portanto, de acordo com os nazistas, eles estavam melhor morrendo. Os primeiros campos para judeus surgiram no leste, mas após a derrota em Moscou, parecia que a opção de deportar os judeus para o território soviético não era viável por enquanto.

O Ha'avara-Abkommen (Ha'avara é hebraico para transferência; Abkommen é alemão para acordo) é um acordo concluído em 25 de agosto de 1933, após três meses de negociações, entre a Agência Judaica, a

24

Sionista Vereinigung für Deutschland e o Ministério Alemão de Assuntos Econômicos. Este acordo estabeleceu como os alemães judeus que queriam emigrar para a Palestina poderiam levar parte de seus bens com eles.

Ghettos

Enquanto isso, na Polônia ocupada, as províncias do leste como Wartheland e Danzig-West Prussia começaram a fazer suas províncias "Judenrein" (livres de judeus), deportando judeus para o General-Gouvernment (o estado polonês de origem alemã). Os novos gouwen foram vistos como uma oportunidade para criar uma sociedade nazista ideal.

Isto naturalmente incluiu a "remoção" de "elementos indesejáveis", incluindo os judeus. Desenvolveu-se uma certa competição entre os líderes da guilda quanto a quem tinha a guilda mais nazista.

Isto criou guetos nas principais cidades da Polônia: conjuntos habitacionais demarcados superlotados onde os judeus tinham que viver nas condições mais insalubres.

25

Assassinato

O extermínio ou a exterminação era cada vez mais visto como a melhor opção; além disso, deportar e aprisionar os judeus custava dinheiro e comida. Diferentes maneiras foram consideradas. Os tiros até a morte "custaram muitas balas", e além disso, foi "mentalmente muito estressante" para os algozes. O uso de explosivos também foi considerado, mas isso levou à dispersão de partes do corpo aqui e ali, o que também poderia levar a doenças nervosas entre o pessoal do campo. A gaseificação foi vista como uma solução.

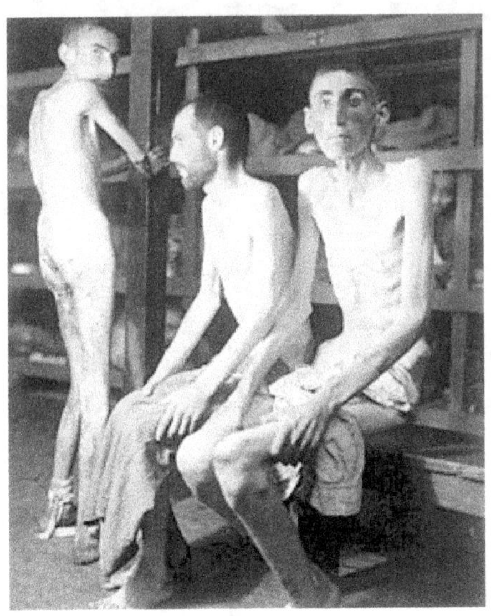

Inicialmente, isto ainda era feito com monóxido de carbono. Foram utilizados *furgões a gás* especiais. Foi dito aos judeus que eles estavam sendo "transportados" por caminhão, e depois foram introduzidos vapores de escape no espaço de carga. Em seguida, a van foi para um cemitério de massa.

Um primeiro julgamento do inseticida Zyklon B foi conduzido em Auschwitz no final de agosto ou início de setembro de 1941. Em um porão do Bloco 11, prisioneiros de guerra russos foram agrupados e expostos ao Zyklon B.

27

Sua eficácia foi verificada no dia seguinte, o que mostrou que uma grande proporção dos prisioneiros ainda estava viva. Posteriormente, eles aumentaram a dose. A SS tinha prisioneiros que se desfaziam dos corpos e os queimavam no crematório.

Após esta primeira experiência, uma segunda gaseificação com Zyklon B foi realizada em um transporte de prisioneiros de guerra russos. Zyklon B já era usado para desaeração, mas a extrema toxicidade da droga deu ao comandante interino de Auschwitz Karl Fritzsch a idéia de usá-la para gasear prisioneiros.

Endlösung

Hitler tomou a decisão de destruir os judeus europeus (a chamada *Endlösung der Judenfrage*, ou *Solução Final do Problema Judaico*) com toda a probabilidade em setembro de 1941. Na Conferência Wannsee em uma vila no Lago Wannsee, perto de Berlim, em janeiro de 1942, foi discutida a implementação logística da decisão. Adolf Eichmann, uma das pessoas mais notórias envolvidas no Holocausto, foi um dos participantes.

A partir daí, pode-se falar de um genocídio pré-planejado
e sistematicamente implementado, na medida em que não
estava de fato já em andamento.

A propósito, um genocídio sistemático já estava em
andamento antes: a ação do infame *Einsatzgruppen*, que
imediatamente por trás do avanço da Wehrmacht na
Frente Leste, reuniu todos os judeus e comunistas e os
assassinou em execuções em massa. Isto foi organizado
por ordem de Berlim e começou já em julho de 1941,
quando Hitler invadiu a União Soviética.

Campos de extermínio, concentração e trânsito

Campos de extermínio

Os campos de extermínio foram criados para a *Solução Final.* Estes campos foram destinados a matanças deliberadas e sistemáticas. Um campo de extermínio é um campo onde a maioria dos prisioneiros foi gaseada imediatamente após a chegada. De qualquer forma, este destino se abateu sobre os doentes, idosos e crianças. Aos prisioneiros que foram mantidos vivos foram dadas várias tarefas com o objetivo de manter o campo funcionando.

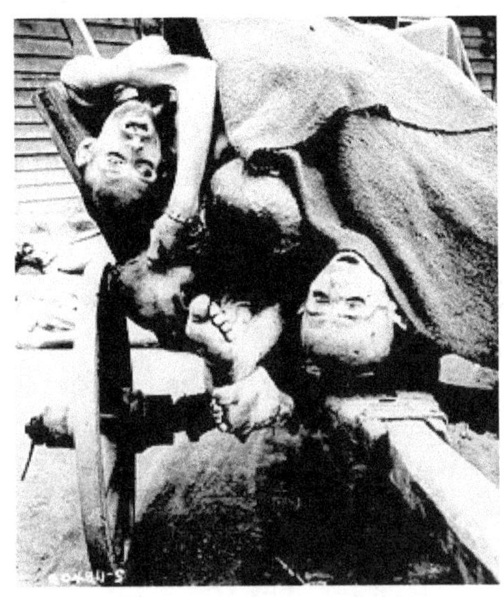

Esses trabalhos variavam, por exemplo, de trabalho pesado a serviço nas cozinhas. Eventualmente, esses prisioneiros também seriam gaseados.

Estes campos estavam localizados no Reich oriental (na Polônia atual) e, conseqüentemente, também foram liberados pelo Exército Vermelho. Um total de sete campos foi dado a função de campos de extermínio, seis dos quais estavam na Polônia e um em Belarus. Estes sete acampamentos foram:

- Chełmno

- Bełżec
- Treblinka II
- Sobibór
- Maly Trostenets
- Majdanek, também campo de concentração
- Auschwitz II (Auschwitz-Birkenau)

Campos de concentração

Além dos campos de extermínio, os nazistas tinham um grande número de campos de concentração, tais como Dachau (perto de Munique) e Buchenwald (perto de

Weimar). Um campo de concentração não é o mesmo que um campo de extermínio.

Como o nome indica, um campo de concentração é um campo de trabalho onde os prisioneiros estavam concentrados. A maioria das mortes ali ocorreram devido a trabalho duro, desnutrição, doenças e maus-tratos. Estes campos de trabalho podem ser comparados, por exemplo, aos chamados "gulags" na Sibéria da Rússia soviética. Nos anos 40, muitos campos de concentração também eram equipados com câmaras de gás, após o que os prisioneiros eram gaseados ali também.

Acampamentos de trânsito

Além dos campos de concentração e extermínio, existiam também os chamados campos de trânsito. Estes eram acampamentos criados para reunir pessoas e depois transportá-las em um horário semanal em trens especiais para os acampamentos de extermínio. Westerbork é um exemplo de um campo de trânsito na Holanda.

Na Bélgica, o antigo Kazerne Dossin existente em Mechelen foi utilizado para este fim. Cerca de 65 mil judeus foram detidos no campo francês de Drancy, ao norte de Paris, durante a Segunda Guerra Mundial, antes de serem transportados para o campo de extermínio de Auschwitz. Theresienstadt também foi um acampamento de trânsito .

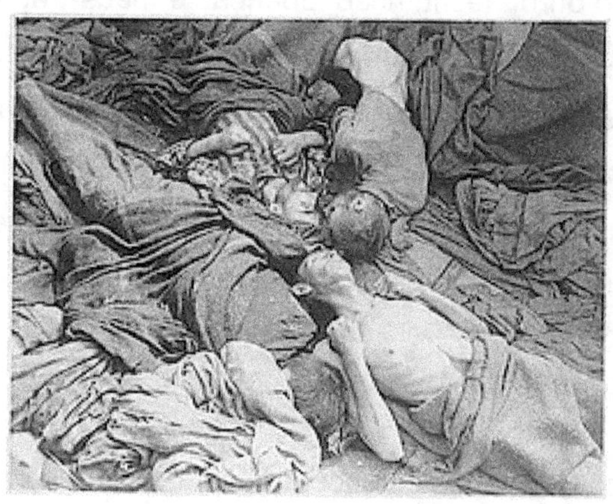

Marchas da morte

Durante o avanço das tropas soviéticas, os últimos campos restantes, principalmente na Polônia e na República Tcheca, foram fechados a partir do final de

1944. No processo, os nazistas muitas vezes decidiram não deixar os prisioneiros para trás, mas forçá-los a marchar para o oeste.

Aqueles que eram muito fracos, muito velhos ou muito jovens, eram simplesmente executados. Essas chamadas marchas da morte, mais uma vez, fizeram inúmeras vítimas. Estimativas colocam o número de mortos em mais de 250.000.

Atitude em relação à perseguição dos judeus

A perseguição de judeus e outros grupos foi respondida de forma diferente na Alemanha nazista e nos territórios europeus ocupados pelas potências do Eixo, dependendo de uma série de fatores. Em algumas regiões, especialmente onde uma administração civil era formada e a SS governava de forma ideológica, a perseguição era feita com mais vigor do que em áreas com regime militar, onde era dada menos prioridade e a resistência fazia mais sentido.

Os judeus também tinham mais chances de sobreviver em países onde muitos não-judeus também tentavam se esconder, por exemplo, para evitar o recrutamento no *Einsatzgruppen*, facilitando a utilização de uma rede já existente.

Onde os nazistas encontraram resistência ativa ou passiva, a perseguição aos judeus às vezes poderia ser parcialmente sabotada. Entretanto, onde a população cooperou mais ativamente, uma porcentagem maior de judeus foi exterminada.

37

A resistência judaica

Os próprios judeus se revoltaram várias vezes. Em 1943, o gueto de Varsóvia se revoltou. Em Auschwitz, em outubro de 1944, prisioneiros judeus explodiram um crematório com explosivos contrabandeados. Em outubro de 1943, houve uma revolta bem sucedida em Sobibór: 11 oficiais alemães da SS, incluindo o sub-comandante, foram mortos e cerca de 300 dos 600 prisioneiros escaparam. Cerca de sessenta deles sobreviveram à guerra. A fuga levou os nazistas a fechar o campo, provavelmente por medo de serem revelados. Nos Países Baixos, muitos poucos judeus de esquerda (socialistas e comunistas) estavam na resistência. Eles também se recusavam frequentemente a usar a odiada Estrela de David.

Em 19 de abril de 1943, no mesmo dia em que o Gueto de Varsóvia também se revoltou, o 20º comboio foi atacado na Bélgica por três jovens membros da Resistência. Este transporte de judeus tinha partido de Mechelen com destino a Auschwitz. Armados com um revólver, uma lâmpada de tempestade e papel vermelho, três estudantes (Georges Livschitz, Robert Maistriau e Jean Franklemon) do atheneum em Uccle forçaram o trem a parar na linha ferroviária Mechelen-Leuven entre Boortmeerbeek e Haacht. Este é um fato único na história do Holocausto. Em nenhum lugar da Europa foi realizada uma operação de libertação em um transporte judeu durante a Segunda Guerra Mundial.

Quando foram feitas tentativas de perseguir a pequena comunidade judaica na Dinamarca, elas foram protegidas e eventualmente transportadas para a Suécia. A Finlândia, aliada à Alemanha por razões oportunistas, recusou-se a perseguir ou extraditar judeus. O Japão protegia os poucos judeus que estavam em território japonês ou ocupado. Quando os alemães queriam que os judeus búlgaros usassem estrelas, a população inteira começou a usá-las com orgulho. As tentativas posteriores dos alemães e dos anti-semitas búlgaros também foram bloqueadas.

Algumas pessoas conhecidas que se opuseram ativamente ao Holocausto:

- Hans Calmeyer
- Giorgio Perlasca

- Witold Pilecki
- Oskar Schindler
- Chiune Sugihara
- Raoul Wallenberg

Havia e há muita especulação sobre os motivos daqueles que resistiam ativa ou passivamente. A simpatia sincera pelos colegas judeus e a indignação com seu tratamento terão desempenhado um papel, em maior ou menor grau, na maioria dos casos. Outros tentaram manter seu próprio beco limpo e não queriam ser julgados como criminosos de guerra após a guerra. Outros ainda aproveitaram a situação e se enriqueceram com os refugiados.

Países Baixos

Mais de cem mil dos judeus holandeses, cerca de 75%
dos judeus que viviam na Holanda no início da ocupação,
não sobreviveram à guerra. Esta porcentagem era muito
mais alta do que na Bélgica (40%) e na França (25%), por
exemplo.

No debate social, assume-se muitas vezes que isto se
deve principalmente à indiferença dos cidadãos
holandeses em relação ao destino de seus compatriotas
judeus, mas um estudo historiográfico de Pim Griffioen e
Ron Zeller, *Persecution of Jews in the Netherlands, France
and Belgium, 1940-1945* (Amsterdam: Boom, 2011)
mostrou que isto é um mal-entendido.

De fato, houve uma combinação complexa de fatores que
tornaram esta taxa tão alta nos Países Baixos. Um fator
importante foi que durante os anos de guerra a Holanda
teve uma *Zivilverwaltung* (administração civil) e não uma
Militärverwaltung (administração militar) como na Bélgica e
na França. Como resultado, a administração civil foi
formada por SS ideologicamente motivados que queriam
avançar com o extermínio total dos judeus. Embora o

41

protesto público tenha sido maior na Holanda, principalmente a greve de fevereiro, também foi reprimida de forma muito mais severa pelas forças de ocupação.

As autoridades holandesas também disponibilizaram os registros de população para as forças ocupantes. Os exatos funcionários do registro civil até mesmo os listaram como "emigrados". Antes da análise dos registros de população pelos nazistas, o então Ministério do Interior holandês realizou uma extensa investigação sobre a origem histórica dos nomes de família holandeses.

Nomes de família de judeus holandeses foram incluídos e explicados em uma seção separada. Um resumo desta pesquisa foi publicado em forma de livro pelo funcionário do governo investigador, mesmo durante a ocupação. O livro em si não dá uma indicação clara do motivo da investigação.

Cinco mil ciganos na Holanda morreram devido aos efeitos da perseguição de ciganos.

Bélgica

Cerca de vinte e cinco mil judeus belgas foram vitimizados, cerca de 40% de todos os judeus do país. A maioria dos judeus tinha se mudado/fugido recentemente da Europa Oriental para a Bélgica devido ao aumento do anti-semitismo lá; eles estavam mais desconfiados do governo do que na Holanda.

Ao contrário dos Países Baixos, não houve um protesto público tão grande contra a perseguição dos judeus, mas havia uma extensa rede de esconderijos muito antes, pois a Bélgica teve que fornecer tropas para o *Arbeitseinsatz* (trabalho forçado na Alemanha) já em 1941, do qual os não-judeus também tentaram escapar.

O número relativamente pequeno também se deveu em parte ao fato de que a Bélgica tinha uma *Militärverwaltung* (administração militar) durante a ocupação alemã, que queria principalmente manter a ordem e a paz e considerava a perseguição aos judeus menos importante. O protesto reconhecidamente menos forte contra ele, portanto, também teve mais efeito do que nos Países Baixos. Foi somente em 1944 que a administração foi

transformada em uma *Zivilverwaltung (*administração civil).
O campo de trânsito, o quartel de Dossin onde os judeus
foram reunidos antes de serem transportados para os
campos de extermínio na Polônia, estava localizado em
Mechelen, a meio caminho entre Antuérpia e Bruxelas,
onde vivia a maioria dos judeus.

Luxemburgo

Luxemburgo estava inicialmente sob ocupação militar, mas esta foi substituída em agosto de 1940 por uma administração civil sob Gustav Simon, uma situação semelhante à dos Países Baixos. A razão era ideológica; Luxemburgo era visto pelos nazistas como um território étnico alemão que deveria ser anexado à Alemanha.

Dos 3.800 judeus que residiam em Luxemburgo em 1940, 2.000 fugiram imediatamente após a invasão, deixando 1.800 judeus em 10 de maio de 1940. Eles foram submetidos a proibições ocupacionais e a toda sorte de outras medidas anti-judaicas.

Durante o primeiro ano de ocupação, 619 judeus foram expulsos do país pela Gestapo e deportados para a Espanha, mas como aquele país também não os aceitou, isso levou a que fossem arrastados de um lugar para outro. O que aconteceu com eles não está claro, mas há uma boa chance de que alguns deles ainda tenham morrido devido às más condições.

A partir de outubro de 1941, as políticas anti-semitas de Simon começaram a se tornar mais violentas com a destruição de sinagogas e deportações. Outros 683 judeus foram deportados, dos quais apenas 43 acabaram retornando. Em 17 de junho de 1943, Simon declarou que Luxemburgo era "judenrein".

Estima-se que 1.200 luxemburgueses judeus não sobreviveram à guerra.

França

Na França, cerca de 25% de todos os judeus foram deportados. O anti-semitismo foi mais forte na França do que na Holanda; assim, houve menos protestos públicos contra as perseguições e o regime de Vichy, que manteve os poderes civis em toda a França, tomou todo tipo de medidas anti-judaicas por sua própria iniciativa. Entretanto, como na Bélgica, os alemães na França ocupada tinham uma administração militar que não priorizava a perseguição dos judeus, enquanto o sudeste permanecia militarmente desocupado. O regime de Vichy também resistiu quando os nazistas quiseram deportar judeus franceses nativos em março de 1943.

Os ocupantes militares cederam a isso e, como resultado, nenhum trem do Holocausto fugiu da França para o leste durante meses. Os judeus imigrantes, por outro lado, foram entregues aos alemães. Após a ocupação da parte anteriormente desocupada da França em novembro de 1942 (Operação Anton), grande número de judeus fugiu para a zona ocupada pela Itália, que, no entanto, também se tornou insegura quando os alemães a assumiram em setembro de 1943. Posteriormente, tanto os judeus franceses como os imigrantes judeus na França foram expostos a perseguições até que a autoridade alemã sobre a França entrou em colapso no verão de 1944.

Romênia

Na Romênia, a radicalmente anti-semita Guarda de Ferro formou um governo com o exército em 1940. Esta regra era caracterizada pela violência contra os judeus, às vezes fatal. Os distúrbios eram tão graves que o chefe do exército Marechal Ion Antonescu expulsou a Guarda do governo em 1941. A Romênia se aliou à Alemanha, mas a situação parecia melhorar para os judeus romenos, e as medidas anti-semitas só foram introduzidas muito esporadicamente na Valáquia. No entanto, esta moderação era aparente.

Antonescu queria retirar os judeus da sociedade romena, mas se opôs ao saque violento da Guarda de Ferro que estava perturbando o país. Para isso, ele colaborou com Adolf Eichmann, entre outros. Embora Antonescu tenha às vezes parado os transportes alemães, ele também permitiu que centenas de milhares de outros judeus fossem enviados a campos de concentração.

Além disso, especialmente na empobrecida Moldávia, a população cooperou entusiasticamente na perseguição dos judeus.

Hungria

O Holocausto na Hungria ocorreu em quatro fases: discriminação leve (1920-1938), discriminação pesada (1938-1941), violência e trabalho forçado (1941-1944), extermínio ativo (1944-1945). A Hungria havia diminuído drasticamente após a Primeira Guerra Mundial, deixando a maioria das populações 'étnicas' não-húngaras fora de suas fronteiras. Isto fez dos judeus dentro das novas fronteiras a maior minoria, com 5% da população em 1920.

Eles formaram uma minoria muito bem sucedida economicamente: 60% de todos os médicos, 51% de todos os advogados, 39% de todos os engenheiros e químicos fora do serviço governamental, 34% de todos os editores e jornalistas, e 29% de todos os artistas identificados com o judaísmo em termos de religião. Isto causou inveja entre o resto da população, e o Regente do Reich Horthy declarou-se abertamente anti-semita e os culpou pelas divisões territoriais da Hungria após a Primeira Guerra Mundial.

Outro fator foi que figuras proeminentes na República
Raden húngara, como Bela Kun, eram de origem
(parcialmente) judaica.

Medidas anti-semitas já haviam sido introduzidas nos anos
1920, incluindo um numerus claususus para judeus em
cursos universitários: doravante, apenas 5% de todos os
estudantes podiam ser judeus, de acordo com a
porcentagem de sua população.

Horthy enfrentou a pressão de uma oposição cada vez
mais anti-semita da Cruz de Flecha e de partidos nazistas
menores nos anos 30. Para tirar o vento das velas desses
grupos, Horthy começou a perseguir políticas anti-judaicas
mais repressivas. A legislação anti-judaica baseada nas
Leis raciais de Nuremberg foi seguida em 1938. A primeira
lei antijudaica (1938) estabeleceu porcentagens máximas
para judeus em certos grupos profissionais. A segunda lei
antijudaica (1939) estipulava que pessoas com 2 ou mais
avós judeus eram consideradas judias, restringia as
porcentagens máximas, as excluía completamente do
jornalismo e do governo, e lhes negava seus direitos de
voto (já severamente restringidos). A terceira lei

antijudaica de 1941 proibiu os casamentos e o contato sexual de judeus com não-judeus.

Quando a Hungria se tornou um participante ativo na guerra em 1941, ocorreram atos evidentes de violência nos territórios ocupados. Além de outras minorias étnicas, os judeus, em particular, tornaram-se vítimas regulares disso. Os judeus húngaros foram forçados a trabalhar na construção e reparo da infra-estrutura tanto na própria Hungria quanto na União Soviética. Cerca de 42.000 judeus não sobreviveram a isto devido tanto às más condições quanto ao assassinato deliberado por seus guardas húngaros.

Quando Horthy tentou se render aos Aliados em 1944, o país foi ocupado pelos alemães, que o forçaram a participar da deportação dos judeus húngaros.

Estes se iniciaram em março de 1944, e 400.000 judeus foram deportados para os campos de morte somente entre 15 de maio e 30 de junho de 1944. Horthy acabou sendo forçado a nomear Ferenc Szálasi, o líder do movimento fascista Cruz de Flecha, como primeiro-ministro, após o que foi forçado a renunciar e preso. Szálasi, enquanto as tropas soviéticas invadiam o leste do país e sitiavam Budapeste, em colaboração com Adolf Eichmann, enviou cerca de 80.000 judeus a mais para os campos de morte nestes últimos meses da guerra, onde quase todos eles morreram. Além disso, 15.000 judeus juntamente com comunistas e outros oponentes foram assassinados diretamente no local pelos Cruzadores de Flecha.

Em última análise, por várias estimativas, entre 80.000 e 255.000 dos 861.000 judeus na Hungria e territórios de serviço ocupados sobreviveriam à guerra. Isto deu à Hungria uma das mais baixas taxas de sobrevivência da Europa.

Estados Bálticos

Nos Estados bálticos, a população vingou-se pelo apoio de muitos judeus aos ocupantes russos e, portanto, comunistas.

Além disso, tanto na Romênia quanto nos Estados Bálticos, as pessoas estavam cientes do grande número de membros judeus dos partidos comunistas.

União Soviética

Embora o anti-semitismo prevalecesse na União Soviética, os judeus não eram legalmente discriminados por não estar de acordo com o ideal bolchevique de igualdade. Estimava-se que existiriam cerca de 4 milhões de judeus vivendo nas áreas ocidentais da União Soviética que acabariam sendo ocupados pela Alemanha e aliados de serviço, a antiga região do Pólo.

Cerca de 3 milhões de judeus conseguiram fugir a tempo para o leste. Os 1 milhão restantes foram expostos a massacres orquestrados pelo chamado Einsatzgruppen. Parte da população era a favor dos ocupantes alemães e apoiava estas ações ou participava ativamente das mesmas. Por outro lado, houve também muitos que ajudaram os judeus.

Alguns dos judeus foram vítimas de massacres como os de Babi Yar, enquanto outros foram enviados para os campos de morte. Muitos judeus se juntaram aos partidários e sabotaram tanto as atividades de guerra e ocupação alemãs quanto as medidas contra seus companheiros judeus. As estimativas para o número de judeus mortos na União Soviética permanecem pouco claras e variam muito; acredita-se que pelo menos 700.000 judeus soviéticos tenham perdido suas vidas.

Dinamarca

Na Dinamarca, a resistência à deportação de judeus foi mais forte. Depois que se soube em setembro de 1943 que a deportação da população judaica na Dinamarca estava sendo preparada, uma operação de resgate em larga escala se seguiu espontaneamente, da qual participaram todos os setores da população. Um enorme alarme foi lançado através de sinagogas, médicos, pastores e estudantes que novamente informaram os judeus.

Os judeus eram coletados e transportados para as costas dinamarquesas com tudo o que tinha rodas. Os judeus foram então levados pelos pescadores em barcos através do Som para a Suécia neutra, com a qual os dinamarqueses já haviam concordado em acolher os judeus dinamarqueses. Antes da guerra, a comunidade judaica dinamarquesa consistia de 8.200 pessoas, das quais mais de 95% sobreviveram aos nazistas. Após a guerra, os judeus dinamarqueses voltaram à sua pátria e encontraram suas casas e propriedades exatamente como as haviam deixado.

Croácia

Na Croácia, os judeus foram muito violentamente perseguidos pelo regime radicalmente anti-semita. Entretanto, muitos conseguiram escapar nos dois primeiros meses de ocupação, pois os croatas concentraram-se primeiro na exterminação e assimilação dos sérvios, mais de meio milhão dos quais desapareceram.

Muitos judeus fugiram para territórios ocupados pela Itália, pois as autoridades italianas não conseguiram implementar as medidas anti-semíticas de Mussolini ou de forma pouco sincera. Os judeus que ficaram, porém, caíram vítimas da violência croata, após o que foram enviados a campos com eficiência alemã. Quando a Itália capitulou em 1943, a Croácia ainda ocupava estas áreas e os judeus que não podiam fugir a tempo ainda eram deportados.

Itália

Na Itália, a maioria dos comandantes do exército e oficiais da polícia se recusaram a processar os judeus. A maioria das baixas ocorreu após a rendição italiana em 8 de setembro de 1943. Dos quase sessenta mil judeus italianos antes da guerra, quase oito mil perderam suas vidas, a maioria deles no campo de concentração de Auschwitz.

Albânia

A Albânia é o único país onde viveu mais judeus após a Segunda Guerra Mundial do que antes. O país formou uma união pessoal com a Itália, que, embora discriminando os judeus, era de outra forma pouco convicta em sua perseguição. O governo albanês recusou-se a entregar os nomes da população judaica aos ocupantes alemães, e os refugiados judeus da Áustria e dos países balcânicos foram acolhidos hospitalmente.

Bulgária

A Bulgária era aliada da Alemanha por razões oportunistas, e certamente havia ali também um viveiro anti-semita. Inicialmente, os búlgaros não estavam relutantes em acomodar os alemães. A política anti-semita começou com as batidas nos territórios ocupados, durante as quais alguns milhares de pessoas foram enviadas para campos de concentração. Na "velha Bulgária", os anti-semitas e os alemães tentaram fazer os judeus usarem Estrelas de David, como no resto da Europa.

Isto falhou porque toda a população começou a usar este orgulho. Uma tentativa de deportar várias centenas de judeus búlgaros para os campos de extermínio encalhados perto da cidade portuária búlgara de Samovit: a população búlgara assistiu a manifestações em massa e o transporte foi cancelado. Finalmente, a partir de 1943, o rei bloqueou pessoalmente as tentativas de deportação dos judeus, em parte porque reconheceu que o Eixo perderia a guerra.

Japão

Vários milhares de judeus viviam no Japão e em territórios ocupados pelo Japão. A China já possuía uma pequena comunidade judaica e a isto se acrescentou os comerciantes e refugiados judeus russos baseados em Manchuria. Embora o Japão fosse um aliado da Alemanha, seguiu sua própria agenda na Ásia, na qual o anti-semitismo não tinha lugar. De fato, muitos oficiais japoneses viram oportunidades de desenvolver os territórios ocupados com a ajuda de judeus e da capital judaica. Alguns diplomatas chineses e japoneses na Europa, como Chiune Sugihara, puderam emitir vistos de trânsito para refugiados judeus até o final de 1940. Entre 1938 e o final de 1941, cerca de 20.000 refugiados judeus da Europa chegaram em Xangai ocupada.

A partir de 1942, a Alemanha aumentou a pressão sobre o Japão para entregar os judeus presentes em Xangai a eles ou tomar parte ativa no próprio Holocausto. Sem vontade de cumprir, o Japão desenvolveu uma política mais repressiva contra os judeus. Em fevereiro de 1943, por exemplo, decidiu abrigar todos os judeus que haviam chegado à cidade depois de 1937 no que viria a ser o

Gueto de Xangai. Também, especialmente após a invasão alemã da União Soviética, foi dado mais espaço às campanhas anti-semitas e anti-soviéticas dos anticomunistas e fascistas russos tanto na Manchúria quanto em Xangai. Muitos judeus da Manchúria se sentiram ameaçados por este assédio e também acabaram em Xangai e, portanto, no gueto. As condições para os refugiados judeus no gueto eram pobres. No inverno de 1943, não havia alimentos suficientes. O gueto foi liberado pelas tropas de Chiang Kai-shek em 3 de setembro de 1945. Após o estabelecimento do Estado de Israel em 1948, quase todos os residentes deixaram o gueto. Eventualmente, cerca de 2.000 pessoas morreram no gueto.

Esgotamento e pós-colisão

Durante 1944 e 1945, todos os campos foram liberados pelas tropas aliadas. Os prisioneiros foram alimentados e receberam atendimento médico, mas a grande maioria ainda não pôde ser devolvida imediatamente a suas antigas casas devido a todo tipo de dificuldades legais, logísticas e de infraestrutura. Milhares de sobreviventes permaneceram em campos de deslocados até 1947, até serem acolhidos por um país ou poderem obter um novo lar e uma nova nacionalidade por sua própria vontade.

Emigração

Muitos judeus não desejavam mais retornar às sociedades das quais haviam sido desenraizados ou expulsos e procuraram refúgio no Aliyah Bet: eles se mudaram da Europa para o Território Britânico do Mandato da Palestina, esperando estabelecer um Estado-nação para si mesmos lá.

Entretanto, isto logo gerou conflitos com a população árabe-muçulmana da Palestina. A Resolução 181 da ONU previa uma solução de dois Estados e, na Guerra de 1948, o recém-criado Estado judaico de Israel conseguiu capturar mais do que sua parcela de território. Embora isto tivesse realizado uma terra para os judeus, também tinha criado o conflito árabe-israelense.

Julgamento

Os Aliados decidiram julgar os principais líderes do regime nazista conjuntamente nos julgamentos de Nuremberg e em vários outros (setembro de 1945 a dezembro de 1949), com *o julgamento de* Nuremberg (20 de novembro de 1945 a 1 de outubro de 1946) indiciando 24 líderes do NSDAP. Para isso, foram elaborados os princípios de

Nuremberg, necessários para afirmar que o direito internacional prevalecia sobre o direito nacional porque muito do que os nazistas haviam feito era legal de acordo com a lei alemã da época.

Mesmo que algo fosse legal ou não punível pela legislação nacional, reconhece-se a existência de princípios fundacionais "superiores" que se tem que respeitar. Também foi observado que o argumento de que "eu estava apenas executando ordens" ("Befehl ist Befehl") não absolvia alguém da responsabilidade por um crime, mesmo quando a ordem vinha de (na época) autoridade competente e reconhecida.

propriedade judaica

Dos que retornaram dos campos, muitos encontraram suas casas ocupadas e suas propriedades desapropriadas.

Mas poucos conseguiram recuperar seus bens e só depois de muitos anos de litígio. O governo alemão fez pagamentos ao Estado de Israel através do *programa Wiedergutmachung.*

Impacto no direito internacional

O Holocausto também teve importantes conseqüências do direito internacional. No novo órgão consultivo político global, as Nações Unidas, chegou-se a um consenso de que tal crime contra a humanidade nunca mais deveria ficar impune.

Em 9 de dezembro de 1948, a Convenção de Genocídio foi adotada pela ONU: todos os países signatários se comprometeram a intervir militarmente para pôr fim ou impedir um genocídio.

A Quarta Convenção de Genebra de 1949 estabeleceu com mais detalhes os direitos dos civis e soldados em conflito e o dever das partes beligerantes de respeitar certas normas, que a comunidade internacional aplicaria.

Discussões pós-guerra

Após a guerra, numerosos aspectos do Holocausto foram objeto de muito debate acadêmico e público sobre questões como por que e como exatamente aconteceu e que conclusões devem ser tiradas.

O conhecimento contemporâneo do Holocausto

Uma das grandes controvérsias é sobre qual parte da população alemã em particular sabia sobre os campos de concentração e o que estava acontecendo lá já durante a guerra, até que ponto.

Quando a extensão do Holocausto veio à tona gradualmente após a guerra, alguns alemães disseram que não tinham conhecimento (*Wir haben es nicht gewußt*, "Nós não sabíamos"), mesmo que eles próprios tivessem participado direta ou indiretamente dele.

Pergunta de culpa

Estreitamente ligada à questão de quem sabia o quê sobre o Holocausto é a questão de quem exatamente deveria ser culpado (e assim punido) por ele. Segundo a

Kollektivschuldthesis (introduzida pelo psicanalista suíço Carl Gustav Jung), todo o povo alemão era o culpado, independentemente de conhecer ou não os meandros da perseguição sistemática de judeus e outros, e muito menos de ter colaborado com ela. Outros acreditam que somente aqueles que sabiam disso e tinham colaborado conscientemente eram os culpados. Há também a questão de até que ponto "Befehl ist befehl" pode absolver alguém de responsabilidade. Em várias provas do pós-guerra, os Aliados acabaram decidindo tentar apenas o topo absoluto do regime nazista.

Durante o julgamento criminal realizado em Jerusalém de Adolf Eichmann, um dos principais organizadores do

Holocausto, a escritora judia americana Hannah Arendt ficou impressionada com o fato de Eichmann não ter se apresentado como um monstro horripilante, mas como uma pessoa insignificante, que no entanto parecia ter sido capaz de inventar os métodos pelos quais muitos milhões de judeus poderiam ser mortos.

A tese de Arendt sobre a "banalidade do mal" é que o mal é algo banal, algo que as pessoas muitas vezes encolhem os ombros sem pensar em quão imorais elas estão realmente fazendo.

Tratamento de reclamações

Após a guerra, as autoridades da Alemanha Ocidental desenvolveram esquemas de compensação para compensar as vítimas do Holocausto e seus familiares por suas perdas. Quem exatamente era elegível, e de que forma, foi objeto de debate. Na República Democrática Alemã, não existia nenhum esquema até 1966.

O cientista político judeu-americano Norman Finkelstein, ele próprio um filho de sobreviventes do Holocausto, escreveu o livro *A Indústria do Holocausto* em 2000, denunciando práticas destinadas a abusar desses esquemas de compensação.

Segundo ele, há muitos indivíduos que falsamente afirmam ser vítimas ou sobreviventes, ou exageram seu sofrimento para obter ganhos financeiros. Além disso, diz-se que a culpa europeia pelo Holocausto é injustamente explorada para silenciar qualquer crítica a Israel ou à comunidade judaica americana. Os museus do Holocausto também tentam monopolizar o sofrimento dos judeus e excluir outros grupos de vítimas.

Ativos judaicos

Foi somente nos anos 90 que a questão dos bens da guerra judaica entrou na agenda na Holanda e no exterior. Propriedade saqueada de judeus durante a Segunda Guerra Mundial, contas bancárias e apólices de seguro adormecidas foram investigadas. Na Holanda, concluiu-se que o montante total envolvido era de 346,7 milhões de euros, mas que os beneficiários individuais desses fundos ou seus parentes mais próximos não podiam mais ser rastreados.

Esses chamados "fundos maror", com o nome do maror amargo, foram distribuídos a todos os judeus holandeses através de uma chave de distribuição por volta do ano 2000 e utilizados em parte para fins sociais judaicos.

Arte Predatória

Arte e outros objetos de valor que os judeus que viviam na Holanda tiveram que entregar ao banco Liro por ordem dos nazistas acabaram em vários museus após a guerra, e em um caso até mesmo na casa real. Até 2015, apenas um punhado dessas obras foi devolvido aos herdeiros legais. Algumas vezes o município havia comprado trabalho de um membro da NSB. Apenas 70 anos após a guerra, os municípios e os próprios museus perceberam que deveriam ter investigado ativamente a procedência das obras adquiridas por volta dessa época.

Outra questão em andamento no século XXI são os aproximadamente 1.200 quadros de propriedade do negociante de arte judeu Jacques Goudstikker, que ele foi forçado a vender a Hermann Göring sob coação. Somente em 2006, o governo holandês decidiu, por "razões morais", devolver 202 obras à herdeira de Goudstikker, que morreu quando fugia da Holanda em 1940.

Em 2015, porém, a última herdeira de Goudstikker ainda está em litígio para recuperar as obras, que acabaram em todos os tipos de museus dentro e fora da Holanda.

Negação do Holocausto

Certos grupos negam que o Holocausto tenha ocorrido. Estes negadores do Holocausto também são chamados de negacionistas.

Alguns negacionistas afirmam que o número de vítimas judaicas tradicionalmente citado é incorreto. Dizem que muito menos de seis milhões de judeus foram mortos e que a maioria das vítimas foi devido à fome e ao surto de doenças como a febre tifóide e a cólera.

Também se alega que as câmaras de gás (tanto móveis quanto estacionárias) foram utilizadas apenas para fins de desinfecção.

Negar, trivializar ou tolerar o Holocausto é proibido e punível na Alemanha, Bélgica, França, Austrália, Canadá, Suíça, Polônia, Hungria e Israel, entre outros.

O Irã, por outro lado, realizou uma conferência sobre a negação do Holocausto em 11-12 de dezembro de 2006.

O então presidente Mahmoud Ahmadinejad havia feito vários comentários sobre o Holocausto que foram condenados em outros países. Os intelectuais judeus também participaram da conferência.

Historikerstreit

Em 1986, houve um intenso debate entre os historiadores alemães sobre como colocar o Holocausto em um contexto histórico mais amplo. Ernst Nolte acreditava que o arquipélago gulag e os assassinatos em massa cometidos pela União Soviética eram tão ruins quanto o Holocausto e que o povo alemão não precisava realmente se sentir particularmente culpado pelo que havia acontecido.

Jürgen Habermas discordou fortemente e reprovou Nolte por tentar banalizar o horror do Holocausto.

Arquivos

Os próprios alemães mantinham arquivos das vítimas do Holocausto. Os arquivos alemães são particularmente detalhados porque os nazistas mantiveram registros precisos de todas as informações. Muitas provas de arquivo e outras foram destruídas pela Operação Sonderaktion 1005.

Entre outros, a pesquisa holandesa *In Memoriam* com os nomes de 100 mil judeus assassinados se baseia nisso. Além disso, os nomes das vítimas judaicas estão incluídos no Monumento Judaico.

A cidade alemã de Bad Arolsen, Hesse, abriga o enorme arquivo (cerca de 47 milhões de itens, cerca de 6 casas cheias de papel). Este arquivo contém informações sobre

17,5 milhões de pessoas e enche mais de 27 quilômetros de prateleiras. Consiste em listas, inventários, descrições de pessoas, relatórios de experimentos médicos, regulamentos, etc.

Em particular, toda a burocracia de terror que os nazistas ordenados mantinham para seus mecanismos de trabalho forçado, deportação e extermínio. Os arquivos completos dos campos de concentração de Buchenwald e Dachau podem ser encontrados lá. A escala surpreendente da guerra e da máquina de matar alemã, impulsionada pela função pública, torna-se clara ali.

O "Serviço Internacional de Rastreamento", uma filial da Cruz Vermelha, administra os arquivos. Este serviço foi criado após a guerra para localizar pessoas desaparecidas. Foi utilizado principalmente por sobreviventes que precisavam de provas para obter benefícios. Os arquivos foram ainda mantidos fechados por razões de privacidade, inclusive para pesquisadores, porque os documentos continham informações sensíveis sobre indivíduos, tais como suas crenças políticas, sobre colaboradores judeus e como alguém foi induzido a fazê-lo, quem tinha piolhos, que experiências médicas foram realizadas, a natureza da deficiência mental, quem foi acusado de homossexualidade, incesto ou pedofilia.

Havia também o medo alemão de ação legal se essa informação fosse liberada. A possibilidade de ação legal expirou desde então.

Notícias fundamentais que irão ajustar a história do Holocausto não são esperadas quando os historiadores consultam o arquivo. Os pesquisadores esperam encontrar mais detalhes para reconstruir a história do horror.

Em 24 de abril de 2007, o Parlamento belga ratificou o Protocolo que dá aos cientistas e pesquisadores acesso aos arquivos da deportação da Segunda Guerra Mundial em Bad Arolsen, Alemanha. A abertura dos arquivos foi decidida após negociações entre os Estados membros da Comissão Internacional do Serviço Internacional de Investigação. A Bélgica, juntamente com a Holanda, Luxemburgo, Alemanha, França, Grã-Bretanha, Itália, Israel, Estados Unidos da América, Grécia e Polônia fazem parte desta Comissão Internacional.

O arquivo foi aberto aos pesquisadores e ao público em geral no final de novembro de 2007.

Em 7 de outubro de 2013, o Instituto Fritz Bauer de Frankfurt disponibilizou digitalmente as declarações das testemunhas no primeiro julgamento de Auschwitz realizado em Frankfurt (1963-1965).